तीन पैरोंवाला

तीन पैरोंवाला

विजय कुमार

IDAS, PIFA (एयरफोर्स), नई दिल्ली

प्रकाशक
प्रभात पेपरबैक्स
प्रभात प्रकाशन प्रा. लि. का उपक्रम
4/19 आसफ अली रोड, नई दिल्ली–110002
फोन : 23289777 • हेल्पलाइन नं. : 7827007777
इ–मेल : prabhatbooks@gmail.com ❖ वेब ठिकाना : www.prabhatbooks.com

संस्करण
प्रथम, 2022

मूल्य
दो सौ रुपए

मुद्रक
आर–टेक ऑफसेट प्रिंटर्स, दिल्ली

———————— ★ ————————

TEEN PAIRONWALA
Poems by Shri Vijay Kumar

Published by **PRABHAT PAPERBACKS**
An imprint of Prabhat Prakashan Pvt. Ltd.
4/19 Asaf Ali Road, New Delhi-110002

ISBN 978-93-5521-323-5

₹ 200.00

मेरा प्रथम कविता–संग्रह
अपनी पत्नी **मीनाक्षी**
और दोनों पुत्रियों **वैभवी** व **सोनाली**
को समर्पित
जो हर समय, हर परिस्थितियों में
मेरा उत्साहवर्धन करती रहीं।

अपनी बात

आपसे रू-ब-रू होने का यह पहला अवसर है। हर तरह के भाव आ रहे हैं, लेकिन समझ में नहीं आ रहा कि कहाँ से शुरू करूँ। चलो, शुरू करते हैं—

जिंदगी हमें तरह-तरह के अनुभव कराती रहती है। हर तरह के अनुभव में अलग-अलग भावनाओं का ज्वार उत्पन्न होता रहता है। ये भावनाओं का ज्वार कब शब्दों का रूप लेकर पन्नों पर अंकित हो जाता है, पता नहीं चलता। शायद यही हमारे साथ होता रहा। जब भी कोई भाव आया तो लिखकर रखा; ये किसी जेब में धुलकर विलीन हो जाते, यदि मेरी पत्नी मीनाक्षी ने समय-समय पर इन्हें सँभालकर न रखा होता, तब शायद यह संग्रह भी न हो पाता, और फिर एक पुस्तक का रूप नहीं ले पाता। मीनाक्षी ही मेरी कविताओं की पहली श्रोता बनी और पहली आलोचक भी। मेरी दोनों बेटियाँ—वैभवी और सोनाली समय-समय पर मेरा उत्साहवर्धन करती रहीं, जिससे मैं यह साहस कर पाया और इसे एक पुस्तक का रूप दिया।

सधन्यवाद!

—विजय कुमार

सी-II/80 बापा नगर, नई दिल्ली-110003

e-mail : vkumar609@gmail.com

अनुक्रम

तीन पैरोंवाला

वह जा रहा था
दो लकड़ियों के सहारे
कटी हुई टाँग
घसीटते हुए
मैले-कुचैले सैकड़ों जोड़ोंवाले कपड़े
काँधे से लटकी एक पोटली

हाथ फैलते हैं···
कुछ पाने की तमन्ना
सूनी आँखों में एक उम्मीद
फिर निराशा···।
आगे बढ़ते हुए
पास आता है
हाथ फैलाता है।
दो का नोट
आँखों में खुशी व आश्चर्य
दुआएँ देता अंग-अंग।

पूछता हूँ 'कैसे कटी यह टाँग'
बैठ जाता है···रो पड़ता है

चुप्पी, फिर बोल पड़ता है
कुछ दुश्मनों ने, कुछ अपनों ने
मिलकर हमारी यह दुर्गति बनाई है
सन् 71 की लड़ाई में अपनी टाँग गँवाई है
खाता-बही रखनेवालों ने
पेंशन भी नहीं दी।

बहुत भाग-दौड़ कराई
लेकिन खाता-बही नहीं मिल पाई
और जिंदा होने का सबूत माँगा गया।
जब पेंशन नहीं मिली
घरवालों पर बोझ बना
रोटी-रोटी का मोहताज हुआ।

मौत भी नहीं आती है
और जीने के लिए भीख माँगनी पड़ती है
किसी ने दया दिखलाई और बैसाखी दिलवाई।

जिंदगी चल रही है
लोगों के दया-दान पर
फौजी से भिखारी बन गया हूँ
और दो पैरों से
तीन पैरोंवाला बन गया हूँ।

□

जश्न

अंदर जश्न हो रहा था
बहुत शोर मच रहा था
नाच-गाना भी हो रहा था
लोग खा-पीकर मस्त थे।

तभी दरवाजे पर एक आवाज आई—
दस पैसे या रोटी दे दो
दो दिनों का भूखा हूँ।

तभी अंदर से चीख निकली—
चल, जा आगे!
आजादी के पचास साल का जश्न है
इसी में सब मग्न हैं।

□

कूड़े का ढेर

आती है कूड़े के ढेर पर
कमर मुड़ी हुई
बोरे के बोझ से
नजरें कुछ खोजती हुई
कूड़े में 'काम की चीज'

तभी एक पॉलिथीन का थैला गिरता है
शायद सूखी रोटियाँ हैं!
तभी एक हाथ–एक मुँह झपटते हैं
एक मानव के–एक जानवर (कुत्ते) के

थैली फट जाती है
रोटी भी बँट जाती है
आधी बुढ़िया के हाथ में
आधी कुत्ते के मुँह में
दोनों तृप्त होते हैं
अपनी–अपनी राह लेते हैं
दूसरे कूड़े के ढेर की तलाश में।

□

मंदिर की सीढ़ियाँ

मंदिर की सीढ़ियाँ चढ़ते हैं
नारायण की अनुकंपा के लिए
भरपूर चढ़ावा हाथों में लिये
आँखें बंद करते हुए
और कुछ बुदबुदाते हुए
नजरें चुराते हुए–मुँह बिचकाते हुए
कि कहीं नजरें सीढ़ी के गरीबों से न मिल जाए

क्यों ये 'मूड' खराब करते हैं
और बैठकर
मंदिर की सीढ़ियाँ खराब करते हैं
नारायण के लिए हजारों के चढ़ावे
नारायण कृति को एक पैसा भी नहीं

भगवान् कुछ ऐसा वर दे
इन्हें कुछ ऐसा आशीष दे
और दया–दान का पाठ पढ़ा दे

क्योंकि दरिद्र नारायण की सेवा ही नारायण सेवा है
कुछ ऐसी ज्ञान–ज्योति जला दे
कि एक मानव तुम्हारे मंदिर की
सीढ़ियाँ चढ़ते हुए
तुम्हारी सबसे अनमोल कृति से
घृणा करना, मुँह बिचकाना बंद कर दे।

□

गोल आकृति

एक गोल आकृति
दुविधा उत्पन्न करती है

प्रेमी को प्रेमिका का
चेहरा गोल नजर आता है
क्योंकि
उसकी प्रेमिका का चेहरा गोल है

ज्ञानी को ब्रह्मांड का
प्रतिरूप दिखता है
और रसिक उसमें चाँद देखता है
तो एक भूखा
उसमें रोटी देखता है
क्योंकि रोटी का
आकार भी गोल है

एक गोल आकृति
दुविधा उत्पन्न करती है।

□

गिरगिट

ट्रेन की आवाज को चीरती
एक आवाज आती है—
दस पैसा दे दो!

एक बूढ़ा हाथ फैलाता है
मुँह बिचक जाता है
आँखें घृणा से लाल होती है
एक आवाज भी गूँजती है—
कुछ काम क्यों नहीं करते
भीख क्यों माँगते हो?

तभी दूसरा हाथ एक बच्चे का फैलता है
डिब्बे में सफाई के
मेहनताने की आशा में।

फिर वही आवाज गूँजती है—
शर्म नहीं आती, भीख माँगते हो।
लड़का बोल पड़ता है—
मैं भीख नहीं माँगता
झाड़ू लगाता हूँ

आपकी फैलाई गंदगी साफ करता हूँ
काम करता हूँ, मजदूरी माँगता हूँ
मजबूर हूँ, क्योंकि कोई और
काम नहीं देता है।

आदमी निरुत्तर हो जाता है
पर पराजय स्वीकार नहीं
गुर्राता है—साले, भाग जा
जबान चलाता है!

लड़का चुपचाप चला जाता है
सोचते हुए—
ये बड़े लोग, सभ्य लोग, पढ़े-लिखे लोग
ऐसा क्यों करते हैं
बोलते कुछ और तो करते कुछ और हैं
जैसे आदमी आदमी नहीं
गिरगिट होकर रह गया है।

□

मरीचिका

तुम्हें देखा
तो तुम्हें चाहने की चाह हुई
नजदीक जाने की प्यास बढ़ी
सूखे जीवन में
शीतलता की आस बढ़ी।

भागता हूँ
नजदीक आने की कोशिश में
पर भागती है तुम्हारी परछाईं
भागती है और भागती है
और भागती परछाईं अहसास यह कराती है

तुम तो मरीचिका हो
जो दूर से आँखों को धोखा देती है
भ्रम पैदा करती है
भटकन पैदा करने के लिए
और हम भटकते रहे
एक मरीचिका के पीछे।

□

हिंदी दिवस

आज हिंदी दिवस है
तैयारी जोर-शोर से होती है
बैनर अंग्रेजी में टाँगी जाती है

मुख्य अतिथि आते हैं
समारोह शुरू होता है
आधे घंटे देर से ही सही

भाषण दिए जाते हैं
अंग्रेजी में ज्यादा हिंदी में कम
अंग्रेजियत को अंग्रेजी में कोसा जाता है

फिर मुख्य अतिथि आते हैं
अपनी असमर्थता दिखलाते हैं
हिंदी के लिए व
हिंदी में दो शब्द बोलने के लिए

फिर अंग्रेजी में
हिंदी को बढ़ावा देने की बात करते हैं

भाषणबाजी खत्म होती है
मिठाई बाँटी जाती है

और होता है समारोह संपन्न
इस शपथ के साथ कि
होगी हिंदी दिवस अगले साल
फिर होंगे हम साथ–साथ।

□

आश

किनारे बैठकर सागर को देखता हूँ
डूबते-तैरते एक लकड़ी का कुंदा

लहरों पे उतराती-डूबती
एक लहर दुत्कारती है उसे
किनारे की ओर,
अपने से दूर

तो एक लहर अपनाते हुए—उसे
वापस बहा ले जाती है—उसे

कुंदा फँसकर रह जाता है ऊहापोह में
न तो लग पाता है किनारे पर
और न ही
समा पाता है सागर की बाँहों में
मानो जगह भी न बची हो थोड़ी सी
इस असीम हृदय फैलाव में

जैसे कि ये जीवन मेरा
न तो निकल पाता है प्रेम पाश से

और
न ही होता है
तुम्हारे प्यार में पूरा विलीन
इस आधे-अधूरे प्यार ने
बना के रख दिया है हमें

तैरते-डूबते हुए सागर के
कुंदे की तरह
जो न तो डूब ही पाता है
और न ही लग पाता है किनारा

आश में बँधकर रह गई है यह जिंदगी
कभी जीवन को मिल जाएगी
दोनों में से एक
या तो जाएगा मिल किनारा
या मिल जाएगा असीम बाहों का सहारा।

□

सौदेबाजी

एक लाल बत्ती चौराहे पर
फूल बेचता एक लड़का
उम्र सात–आठ साल
कपड़े गंदे–फटेहाल

आँखों में गहरा सूनापन
बाल सुलभ चंचलता
खो गया हो जैसे सालो–साल
लिये उम्र सात में ही
है सत्तर साल की गंभीरता

लाल बत्ती जल जाती है
गाड़ियाँ रुक जाती हैं
बच्चा दौड़ पड़ता है
फूल बेचने के लिए

माला है ज्यादा समय है कम
करता है याचना—
फूल खरीद लो

है दोपहर हो चला
सुबह से एक माला भी न बिक सका
और एक रोटी भी न खरीद सकी

बड़ी सी चमचमाती कार में
बैठे हैं साहब और मेम साहब
साहब देखते हैं मेम साहब को
मूक याचना
हामी में है सिर हिलता
और हो जाती शुरू सौदेबाजी

पाँच रुपया में ज्यादा है दो माला
लूटता है तू सड़कों पे साला
पाँच रुपया का
पाँच दे दो माला

लड़का रुआँसा हो आता है
याद आती है मालिक की
और उसकी हिदायतें
कुछ भी हो जाए
कम में नहीं बेचना
नहीं तो मार पड़ेगी सोचना

असमंजस की स्थिति आ जाती है
भूख की मार से बचा जाए
या बचा जाए शरीर की मार से

लड़का निर्णय कर डालता है
बेच ड़ालता है पाँच रुपए में पाँच माला
और है सोचता
जब भूख मिट जाएगी

मार खाने की शक्ति भी आ जाएगी
एक दिन और मार पड़ जाएगी
लेकिन
एक और दिन रोटी तो मिल जाएगी

होती है इस सौदेबाजी में जीत
अमीरी की गरीबी पर
भूख की यातना पर
लेकिन मिल जाती है भूखें को रोटी
जिसे खाकर वह रह सके जिंदा
और सह सके
मार गरीबी की बिना हुए शर्मिंदा।

□

परछाईं

दूर एक परछाईं दिखती है
हिलती-डुलती सी
किसी को वास्तव में
होने का अहसास कराती है
उसकी काया लुभाती है,
पास बुलाती है
अपना होने का अहसास कराती है

हाथ बढ़ जाते हैं
छूने के लिए उसे
पर टकरा जाते हैं
टूट जाती है दर्पण
दूर हो जाती है परछाईं
और हाथ हो जाते हैं लहूलुहान
और कर जाता है
दिल कतरा-कतरा

हर टूटे हुए शीशे के टुकड़े से
दिखाई पड़ती है वह परछाईं

हँसती हुई
और आँखों से यह कहते हुए—
तुम मेरे पीछे क्यों आए
मैं तो हूँ इक परछाईं
जो किसी की न हो पाई।

□

नन बन जाऊँगी

गर तुम न मिल सके मुझे
तो नन बन जाऊँगी।

तुम आए मेरी जिंदगी में
सैलाब की तरह
डगमगा के रह गई है
जिंदगी की नाव मेरी
लग न पाएगी किनारे
बिन तुम्हारे
तुम माँझी न बन पाए तो
नन बन जाऊँगी।

है अभी सपने अधूरे
करने हैं इसे पूरे
संग तुम्हारे
टूटे सपने के साथ
जीना मुश्किल हो जाएगा
इन सपनों को
पूरी न करने की हताशा में
नन बन जाऊँगी।

हर साँस में तुम ही रचे-बसे
तुम्हें ही अपने माथे पर
बनाकर सिंदूर सजाऊँगी
और बना के बिंदिया
ललाट पर लगाऊँगी
बिन तुम्हारे और कोई
माँग न मेरी भर पाएगा
गर तुम मेरी माँग न भर सके
तो नन बन जाऊँगी।

बैठकर दरिया किनारे
देखती हूँ सुबहो-शाम
डूबते और निकलते दिवाकर को
डूबकर रवि निराश कर जाता है
पर निकल दुबारा
आश बँधा जाता है
इस मिलने-बिछड़ने की सोच में
उलझ के रह गया हूँ मैं
सोचती हूँ इस दल-दल से
तुम ही निकालोगे मुझे
गर निकाल सके न तुम मुझे
तो डूबकर रह जाऊँगी।

इसलिए कहती हूँ
तुमसे यह बार-बार
गर तुम न मिल सके मुझे
तो नन बन जाऊँगी।

□

यादें

बिछुड़कर तुमसे
सोचेंगे यह हम क्या खोया, क्या पाया
तुम्हारे प्यार में

फुरसत की तनहाइयों में
करेंगे हर पल का हिसाब
जो गुजरा साथ तुम्हारे
और जो गुजर न सका
साथ तुम्हारे

फिर कभी जब होंगे हम
दरिया किनारे
याद आएँगे वे हर पल
जो बिताए हमने
साथ तुम्हारे दरिया किनारे

जब तुम थे साथ हमारे
वन से दूर, सबसे दूर
पास हमारे
सोचता हूँ क्या फिर

हम मिल पाएँगे
या बस यों ही
यादें करते रह जाएँगे

तुम चली जाओगी अपनी दुनिया में
रह जाएँगे फिर हम अकेले
सिर्फ साथ होगी
मेरी तनहाइयाँ, मेरा अकेलापन

दूर जाकर ही अकसर
होता है यह अहसास
हम कितने थे दूर
और कितने थे पास–पास

बिछड़कर तुमसे
सोचेंगे यह हम
क्या खोया, क्या पाया
तुम्हारे प्यार में।

□

फिर कभी

तुम्हें देखा, तुम्हें चाहा
दिल मिलने का फरियाद किया
तो तुमने कहा--फिर कभी।

जब जीवन का सूनापन बढ़ जाता था
आकर मुझे जकड़ जाता था
तब याद में तुम आ जाती थी
शायद तुम ही उबारो
मेरे जीवन के सूनेपन को
जब चाहा पाना साथ तुम्हारा
तब तुमने कहा—फिर कभी।

जब दर्द-ए-जिगर बढ़ जाता था
दिल-ए-दर्द दवा के लिए
तुम ही याद आ जाती थी
जब चाहा बाँट सकूँ
दिल का दर्द साथ तुम्हारे
तो तुमने कहा—फिर कभी।

जब भी दिल खुश होता था
या गमगीन होता था
दिल सिर्फ तुम्हें ही ढूँढ़ता था
दिल जब भी चाहा
तुम साथ हो मेरे
दुःख-सुख में
पर जब भी माँगा साथ तुम्हारा
तो तुमने कहा—फिर कभी।

हम मिलते रहे
बातें भी करते रहे
पर दिल तक तुम्हारे
पहुँच न सकीं
बातें हमारी
जब भी चाहा
पहुँचा सकूँ अपने दिल की बात
दिल तक तुम्हारे तो तुमने कहा—फिर कभी।

सुन-सुनकर तुम्हारी 'फिर कभी'
थक गया हूँ
सोचता हूँ
क्या फिर कभी
आएगा वह पल फिर कभी!

हो गए हैं सालो–साल
रह गया हूँ होकर बेहाल
सुनकर तुम्हारी—फिर कभी
अब तो बिछड़ने का भी
वक्त है हो चला
हो भला तुम्हारी फिर कभी का
क्या बिछड़कर भी सोचेंगे
मिलने का फिर कभी।
और करने को फरियाद फिर कभी

देखते हैं होता है क्या
तुमसे दुबारा
मिल भी पाते हैं फिर कभी
या मिलने की
सोचते ही रह जाएँगे फिर कभी।

शायद, आएगा न यह पल फिर कभी
कहीं जाने को अपने संग
करेगा न कोई तुम्हें तंग फिर कभी
खुश रहो तुम सदा
अपने प्यार के संग।

हमें है यह विश्वास
करोगी न तुम हमें याद फिर कभी

बस यादें रह जाएँगी तुम्हारी
दबके दिल के किसी कोने में
जो टीस मार जाएगी फिर कभी
फिर सोचता हूँ शायद तुम भी
याद करोगी मुझे फिर कभी।

और करोगी शायद
मिलने की फरियाद फिर कभी
पर हम न होंगे
न होगा यह पल फिर कभी
बस सोचते ही रह जाएँगे
गर मिल सके हम फिर कभी,
फिर कभी–फिर कभी–फिर कभी।

□

दिल की चाहत

तुमसे मिलकर
मिलने की प्यास
और बढ़ जाती है
नजरें तुम्हें ही ढूँढ़ती
दिल की चाहत और बढ़ जाती है

जब तुम होती हो
साथ हमारे
दिल बँधकर रह जाता है
सिर्फ साथ तुम्हारे
दिल करता है
यह चित्कार
और सिंचित कर सके
वीरान दिल हमारा

कितनी अजीब सी है
दिल की यह चाह
घंटों मैं साथ तुम्हारे
जी लेना चाहता हूँ
बरसों की चाह

क्योंकि कुछ घड़ियों का है
साथ तुम्हारा
और इसमें
दिल चाहता है
तुम्हें ले चलूँ अपने संग
छोड़कर पीछे सारे गम

लेकिन जब तुम चली जाती हो
बुझकर रह जाता है मन
और छोड़ जाती हो तुम
तड़पती-धड़कती हर धड़कन

इसलिए मैं यह कहता हूँ
बार-बार
तुमसे मिलकर
मिलने की प्यास
और बढ़ जाती है
नजरें तुम्हें ही ढूँढ़ती है
दिल की चाहत और
बढ़ जाती है

जब तुम आती हो
आ जाती है बहार
खिल उठता मन-कमल

और दिल जाता है मचल
चूम लूँ तुम्हें प्यार से
और कहूँ तुमसे
यह बार-बार
दिल करता है तुम्हें
बहुत-बहुत-बहुत ही प्यार

दिल चाहता है
ले चलूँ तुम्हें
दूर-दूर सबसे दूर
जहाँ न हो कोई शोर
करे न तुम्हें कोई बोर
और जहाँ छू न सके वो मेरे सनम
तुम्हें कोई गम

जब तक तुम होती हो साथ
दिल होता है न कभी उदास
पर जब तुम चली जाती हो
तब तुम छोड़ जाती हो
मुझे तनहा तनहा

कैसे कहूँ तुम्हें
तुम्हीं इसे बतलाओ
तुमसे ही दर्द मिला है

तुम्हीं तो दवा लाओ
जब तुम आती हो
आ जाता है खुमार
दिल झूम उठता है
नाच उठता है मन-मोर।

□

आग

एक घसीटता हुआ
हड्डीनुमा बूढ़ा आदमी
लँगड़ाती हुई टाँगें
एक हाथ में लाठी के सहारे
लटका हुआ शरीर
दूसरा हाथ फैलाए हुए
रेल के डब्बे में 'कुछ' पाने की तलाश में

पेट की आग जल रही थी
ऊर्जा पैदा कर रही थी
जिससे कि
हाथ मजबूती से लाठी को पकड़ सके
और लड़खड़ाती टाँगों के सहारे
पिंजर बढ़ती रहे और
दूसरा हाथ फैलाकर
कुछ माँग सके

दूत्कारें उसे आगे बढ़ाती है
तभी उसके हाथ में
एक रुपया का सिक्का गिरता है

बूढ़ा थम जाता है
आँखें उठाकर देखता है
हाथ भी उठ जाते हैं दुआएँ देते हुए

आगे बढ़ने की ऊर्जा
समाप्त होती है
बूढ़ा 'लकड़ी' खरीदता है
पेट की आग में डालने के लिए
आग नहीं बुझती
कुछ और जल उठती है

और कुछ ऊर्जा पैदा करती है
टाँगें, लकड़ी सब घसीटने लगती है
और फैलाए हुए हाथ
कुछ और 'लकड़ी' की तलाश में
जिसे झोंका जा सके
पेट की आग में
और ऊर्जा पैदा की जा सके
भीख माँगने की तलाश में।

□

एक रुकी सी जिंदगी

एक रुकी सी जिंदगी
थम सी गई है
न कोई इच्छा
न कुछ करने की चाह

समय का बहाव है
बहे जा रहे हैं
लेकिन
समय के साथ नहीं

चल रहे हैं
मशीन की तरह
नौ से छह के बीच
एक रुकी सी जिंदगी।

□

पंद्रह अगस्त

15 अगस्त का दिन
आजादी के पचास साल पार
जयंती मना रहे हैं

झंडा फहराया गया
देशभक्ति के गीत गाए गए
फिर मिठाइयाँ बँटीं
तुरंत भीड़ छँटी

अंत में एक औरत खड़ी थी
गोद में एक बच्ची पड़ी थी
कपड़े मैले-कुचैले
ज्यादा फटे, थोड़े सिले
मिठाई के लिए खड़ी थी
जो मेरे हाथों में पड़ी थी

मैं दो लड्डू देता हूँ
फिर पूछता हूँ
तुम्हें पता है

आज आजादी की जयंती है
तिरपन साल पहले हमने
आजादी पा ली

शून्य दृष्टि मेरी तरफ डाली
और पूछा—कैसी आजादी ?
किसकी आजादी ?

मेरे पास रोटी नहीं है
मेरे बच्चों को दूध नहीं है
मेरा आदमी बेकार है
मारता रहता है
मुझे तो मिठाई दो
और तुम आजादी
अपने पास रखो।

□

तलाश

मंदिर के रास्तों पर
हर जगह लिखा हुआ है—
'भीख मागँना मना है,
भीख न दें'

एक अधेड़ जोड़ा चढ़ाई चढ़ते हुए
थककर बैठ जाता है
चढ़ाई की वजह से कम
बल्कि मोटे शरीरों की वजह से

खाने की चीजें निकल आती हैं
हाथ फैलाए और एक
बिस्कुट माँगते हुए,
गालियाँ, दुत्कारें भी
उसे हटा नहीं पातीं

नजरें टिकी रहती हैं
बिस्कुट पर और

जमीन पर
सोचते हुए,
शायद एक टुकड़ा हाथ या मुँह
से गिर जाए और
उसकी आत्मा को तर कर जाए

आशा टूटती है
जब खाली पैकेट उस पर गिरता है
फिर भी आँखें कुछ
टुकड़ों को ढूँढ़ती हैं
जीभ चाट भर लेती है
संतुष्ट होकर
आगे बढ़ती है
तलाश में।

□

जब तुम मिले

जब तुम मिले
तो लगा मिल गई जिंदगी
पर जब तुम चली गई
हाथों से फिसलने लगी जिंदगी

लगा लगने कि
अब न कभी मिल पाएँगे
बस तुम्हें सोचते ही रह जाएँगे

लेकिन मिल गए तुम फिर
एक दिन अचानक मोड़ पर
जीने की तमन्ना
जाग उठी फिर एक बार

दिल चाहता है
इतना प्यार करूँ तुम्हें
कर दूँ खाली इन्हें
कि फिर कुछ तमन्ना
रह न जाए शेष

न कोई इच्छा रह जाए विशेष
और जिंदगी यों ही चलती रहे
उसके बाद
जिसमें न हो कोई इच्छा
और न हो कोई अवसाद
तुम्हारे जाने के बाद।

□

इक शाम

वह इक शाम खुली-खुली थी
जो चाँदनी रात में घुली-घुली
हम थे, तुम थे, सब थे
कुछ अपने में, कुछ खुले थे

चाँदनी रात में
था तुम्हारा चेहरा दमकता
लिबास सफेद में
जो और था चमकता

वातावरण कर रही थी मदहोश
पैदा कर रही थी कुछ जोश
कि उठाकर तुम्हें
गोद में घूमता रहूँ
और जी भरकर
तुम्हें चूमता रहूँ

पर जब चाह बनकर
रह गई एक आह
फिर इन खयालों को छोड़कर

पकड़ ली पैमाना भूलकर
करने अपने को मदहोश
जिससे रहे न कोई होश इक शाम में।

□

आपके सपनों में

आपके सपनों में है
मेरी नजर बदनाम क्यों
कुछ पलों का साथ था
सारा सफर बदनाम क्यों
हम तो मौजों में उतरना चाहते थे
किंतु तुम बैठे रहे ऊँचे तटों पर
हम तो डूबे प्यार की गहराइयों में
पर दुःखी थे तुम उमर की सलवटों पर
जब किनारे पर रहे हों
तुम डुबाते नाव मितवा
फिर भला तूफान की
होती लहर बदनाम क्यों
हम लिखा विधि का मिटाना चाहते थे
किंतु तुम चलते थे किस्मत के सहारे
बस, इसी से वक्त की शतरंज पर तुम
जिंदगी का हर सुनहरी दाँव हारे
हार पर ही जब रहे हो
तुम लगाते दाँव मितवा
कर रहे तकदीर को फिर
हर पहर बदनाम क्यों

हम तो काँटों से गुजरना चाहते थे
किंतु तुम धरते रहे पग पुष्प-पथ पर
ओढ़कर के मोह की चादर स्वयं ही
चढ़ चुके थे तुम अहं के स्वर्ण-रथ में
अब सँभलते ही नहीं
जब डगमगाते पाँव मितवा
फिर भला सीधी-सरल

होती डगर बदनाम क्यों
हम प्रणय के गीत लिखना चाहते थे
किंतु तुमने पीर भर दी लेखनी में

लाख हमने प्यार का दीपक जलाया
पर अँधेरा घुल गया है रोशनी में
पीर पथ पर जब रहे हो
तुम बसाते गाँव मितवा
फिर मिलन का गाँव
सुधियों का नगर बदनाम क्यों।

□

जिंदगी एक पहेली

जिंदगी एक पहेली बनकर रह गई
कभी उलझन बनकर
उलझाती रही
तो कभी
बनकर भँवर डुबाती रही
तुमसे बिछड़कर
डूबते-उतराते रहे
यादों में तुम्हारी
जब तुम चले गए
सोचा, करेंगे तुम्हारा इंतजार
थामकर समय की डोर
पर समय की लहर कब बह निकली
पता भी चला न यह
पाकर साथ किसी का
जब हमें छोड़ गए
लगा कि रुक गई है जिंदगी

लेकिन जिंदगी रुकी नहीं चलती रही
समय के साथ
घड़ी की सुइयों में लिपटी रही
वक्त बढ़ता रहा
और हम करते रहे
पार उम्रों के कई मुकाम

पर किसे खबर थी
फिर मिल जाएँगे
एक ऐसे मोड़ पर
जब हम होंगे, तुम होगे
लेकिन होगा न समय
हमारे साथ

खड़े होकर देखते रहेंगे तुम्हें
जैसे खड़े हों दरिया किनारे
एक-दूसरे से जुड़कर भी
किनारे मिल नहीं सकते हैं
चलते रहेंगे साथ-साथ
पर अब कभी मिल नहीं सकते हैं

जिंदगी एक पहेली बनकर रह गई
कभी उलझन बनकर उलझाती रही
तो कभी
बनकर भँवर डुबाती रही।

□

दुःख

दिल खुश होता है
फिर से दुःखी होने के लिए
तुम्हें फोन करके

फोन करता हूँ तम्हें
यह जानते हुए भी
कि तुम नहीं आओगी
मिलने के लिए
फिर भी करता हूँ अनुरोध
तुम्हारा साथ पाने के लिए

पर जैसा कि होना था, होता है
सोच, सच में बदलता है
तुम्हारा इनकार करना
फिर कभी कहकर टालना

दिल मायूस हो उठता है
खुशी को ग्रहण लग जाता है

फिर वही अकेलापन घेर लेता है
फिर करती है बाध्य
सोचने को—
तुम तो परायी हो
यह कितनी बार जताई भी हो

दिल यह जानता है
फिर भी नहीं मानता है
और करता है बार-बार दुस्साहस
फोन करने के लिए
और बार-बार दुःखी होने के लिए।

□

अजनबी शहर

इस अजनबी शहर में
वजूद खोकर रह गया है
कहने को हैं सारे अपने
अपनापन खोकर रह गया है

यहाँ भागती है जिंदगी
सड़कों पर गाड़ियों के संग
लोग होते हैं अपने आप में उमंग

यहाँ कटती है जिंदगी
पार्कों व फुटपाथों पर भी
लेता है न कोई किसी की सुध
बस भागती है जिंदगी
न तो है दिशा
और न ही है दशा

इनसानियत क्या चीज है
इसको न तो किसी को तमीज है

यहाँ मानव की जिंदगी
होकर रह गई है
रेस के घोड़े की तरह
साथ भागकर भी होती है
न किसी की खबर

रेस में फँस गई है जिंदगी
इस शहर में
और वजूद खोकर रह गया है
इस अजनबी शहर में।

□

एक जिंदगी

एक जिंदगी ऐसी भी
घसीटते हुए सड़कों पर
पोलियो ने बना के रख दिया
दोपाया से चौपाया
और बना दिया ठिकाना
लाल बत्ती का चौराहा

अभी भी जीने की ललक
भभकती हुई
और हर हाल में जीने की ललक
करती है मजबूर
माँगने को भीख

लाल बत्ती हो जाती है
गाड़ियाँ रुक जाती हैं
और दो मिनट की लाल बत्ती में
भागता है चारों पैरों पर
कभी गाड़ियों के बीच में
कभी गाड़ियों के सामने
मौत को लाँघते हुए

कड़कती धूप में तपती सड़क पर
कभी कुछ मिलने की तलाश में
हाथ फैलते हैं
कुछ पाने की आश में

कभी दिख पड़ती है
आँखों में खुशी
तो कभी मायूसी का आलम
क्या उसका संघर्ष
सीख देती है हमें

है मानव-जीवन अमूल्य
हर हाल में इसे जीओ
और ढेर सारे सवाल उठ खड़े होते हैं
कैसी है यह जिंदगी
जो घसीटकर भी
चलती ही रहती है
एक ऐसी भी जिंदगी।

□

अजीब सा है यह शहर

अजीब सा है यह शहर
हर तरफ है डर और कहर
बसते हैं दुश्मन
दोस्तों के भेस में

सुना था
आस्तीनों में साँप होते हैं
यहाँ आया, यहाँ देखा
हमारे भी आस्तीन में साँप थे

यहाँ परवाह नहीं है किसी को
आपकी ईमानदारी व सच्चाई का
होते हैं लोग कान के कच्चे
पहचान नहीं पाते हैं सच्चे
चमचों की यहाँ है बहार
अजीब सा है यह शहर।

□

हिंदी पखवाड़ा

माह सितंबर आते ही
हो जाती है तैयारी शुरू
करने की हिंदी को याद
और करने को हिंदी में काम-काज
बैनर-पोस्टर लग जाते हैं
हिंदी में काम करने-कराने को
बोलचाल की ही भाषा शुरू तो करें
मैं भी उत्साहित होता हूँ
हिंदी को बढ़ावा देने की सोचता हूँ
एक नोट लिखा जाता है
हिंदी में
बड़ी कोशिश करता हूँ
कुछ लिखने को हिंदी में
जोश पैदा होती है,
कोशिशें कामयाब होती हैं
'नोट' साहब के पास पहुँचता है
तुरंत बुलावा आता है
और होता है लिखा
बात करें फाइल के साथ
दिल धड़क उठता है

क्या बात हो गया है
क्या कोई गलती हो गई है
धड़कते दिल को सँभालता हूँ
फाइल उठा चल पड़ता हूँ
डरते-डरते बोलता हूँ—
क्या कुछ गलत है नोट में?
बोल पड़ते हैं साहब—
आप इतने जोश में मत आइए
हिंदी पखवाड़ा को सिर्फ मनाइए
इसे पकौड़ा बनाकर मत खा जाइए।
अब बात समझ में आती है
क्योंकि मैंने हिंदी पखवाड़ा की जगह
नोट में
हिंदी पकौड़ा लिख दी होती है।

□

एक दिन और

एक और दिन आ गई
और शुरू हो गई
वही जद्दो–जहद
भागना गाड़ियों के पीछे
तो कभी गाड़ियों के साथ
और भागते रहते हैं
समय के साथ
लेकिन होती है साथ हमारे
वही बैचेनी, वही तनाव
वजूद खोकर रह गया
जिंदगी फाइलों में
दबकर रह गई
एक से निकलते हैं
तो दूसरी दबोच लेती है
मिलते हैं लोग
अजनबी की तरह
ढूँढ़ता है मन कोई
हो अपनों की तरह
ये जिंदगी है भटकती
कभी चलती कभी अटकती

जाती शाम एक आश दे जाती है
आती सुबह उसे भगा ले जाती है
लो एक दिन और आ गई
और एक आश दिला गया
झूठी ही सही
और गुजरती है जिंदगी यों ही सही।

□

गरीबी की सजा

वे देखते हैं हमें
आशा भरी नजरों से
कि कर सकें हम
कुछ रोजी–रोटी का इंतजाम

लेकिन हम बना देते हैं
इसको मजाक का विषय
और उड़ाते हैं खिल्ली
गरीबी और गरीब का

रोजी–रोटी तो हम दे नहीं सकते
और न ही दे सकते एक दिलासा
पर लोग करते रहते हैं आशा
कि कभी तो समझेंगे साहब
गरीब की भूख और गरीबी की भाषा

पर न तो हम समझेंगे कभी
भूख और गरीबी की भाषा

और बनाकर इसको
मजाक का विषय
लेते रहेंगे हम मजा
और करते रहेंगे
अत्याचार इनसानियत पर
और देते रहेंगे उन्हें
गरीब होने की सजा।

□

क्या भूलूँ

क्या भूलूँ क्या याद करूँ
किसको भूलूँ और
किसको याद करूँ

उन जख्मों को भूलूँ कि
जख्म देनेवालों को भूलूँ
दर्द देनेवालों को भूलूँ

छल को भूलूँ या
छलनेवालों को भूलूँ
क्या भूलूँ क्या याद करूँ

हर चोट बना के चली गई
अपना निशान
करती है बयाँ जो
चुपके से
और पूछती है—
क्या तुमने चाहा था
सिर्फ चोट ही
मिलती रहे वह यों ही ?

□

वोट का अधिकार

एक आदमी पास आता है,
हड्डीनुमा, अर्धनग्न
हाथ फैलाता है,
कुछ भीख की आशा।
मैं चिढ़ जाता हूँ
अपना गुस्सा उस पर उतारता हूँ।
गुर्राता हूँ और
नसीहत भी देता हूँ—
भीख क्यों माँगते हो?
और याद दिलाता हूँ
तुम कितने महत्त्वपूर्ण हो
इस प्रजातंत्र में।
तुम चाहो तो बन और बिगड़ सकती है सरकार,
क्योंकि तुम्हारे हाथ में है वोट का अधिकार।

उसका मुँह खुला रह जाता है
फिर चेतना लौटती है
और वह मुझे फटकारता है—
बाबूजी, आप लगते तो हो पढ़े-लिखे
पर एक बात मैं पूछूँ—

क्या आपके पास
नहीं है वोट का अधिकार?
क्या आप नहीं बदल सकते
देश और सरकार?

मैं चुप हो जाता हूँ
कुछ भी बोल नहीं पाता हूँ
तो वह फिर बोल पड़ता है,
फिर मुझे लताड़ता है—
आप जैसे लोग क्या परिवर्तन ला पाएँगे,
आप तो सिर्फ बोलते ही रह जाएँगे।
आप जैसे लोग कितने हैं लाचार,
कितने है निकम्मे और कितने बेकार
जो वोट का शस्त्र हमारे हाथ में थमाकर
खुद पतली गली से निकल जाते हैं
और करते हैं हम जैसों से आशा,
करें हम इस्तेमाल अपने अधिकार
और बदलें देश और बदलें सरकार।
बातें न करो तुम बेकार
मुझे तो सिर्फ चाहिए रोटी,
न कि वोट का अधिकार।

□

यही तो है मुश्किल

हम-तुम मिले
फिर साथ चले
चलते गए, चलते गए,
लगा जिंदगी के हर मोड़ पर
होंगे तुम साथ हमारे
फिर एक ऐसा मोड़ आया
तुम निकल गए
आगे हमारे
छोड़ गए हमें
किस्मत के सहारे
और रह गया भटकते मैं

और देखता रह गया
उस राह को
जिस पर चल के तुम
दूर होते चले गए
अब भीड़ में खोकर
रह गया हूँ

ढूँढ़ता है दिल तुम्हें
इस अजनबी डगर पर
तकती आँखें
पथरा के हैं रह गईं
तुम्हारे इंतजार में

तुम कभी न
वापस आओगे
और हम कभी न फिर मिल पाएँगे

यह जानता है दिल
पर नहीं मानता है दिल
कैसी है यह चाह, कैसा है यह दिल
यही तो है उलझन, यही तो है मुश्किल।

□

दर्द से भरा

इतनी है गहरी
इतना है अँधेरा
जिंदगी है दर्द से भरा

अँधेरे में आँखें फाड़कर
देखने की कोशिश
करते हैं अँधेरे को चीरकर
घुप है अँधेरा
फिर भी मन नहीं है डरा

ढूँढ़ती है, एक लकीर रोशनी की,
सहारे जिसके चल सकें
और मंजिल ढूँढ़ सकें

जलती–बुझती
आशाओं की रोशनी
चलती–रुकती जिंदगी
और करती
बीते पलों का हिसाब
क्या हुआ, क्या रह गया साथ

लोग मिलते रहे, बिछड़ते रहे
यादों से उड़ते रहे
सूखे पत्तों की तरह
और, चाह आह में बदलती रही

पर घड़ी की सूई से लिपटी रही
जिंदगी बढ़ती गई
रोशनी घटती गई
और अँधेरा बढ़ता गया
फिर भी
जीने की आस नहीं गई
और प्यास बढ़ती गई
पर दिल ढूँढ़ता है

उस रोशनी को
इस अँधेरे में
जो है इतनी गहरी
जहाँ है इतना अँधेरा
और जिंदगी है दर्द से भरा।

□

क्यों नहीं होता

सनम तुम हो गई हो पराई,
पर पराए होने का अहसास
क्यों नहीं होता

तुम दूर हो मुझसे
लेकिन दिल को दूर होने का
अहसास क्यों नहीं होता
तुम्हें चाहने की चाहत
कम क्यों नहीं होती
साथ रहो तुम सदा हमारे
यह चाह कम क्यों नहीं होती
क्या मैं भटक रहा हूँ मृग तृष्णा में
पर मृग तृष्णा में भटकने का
अहसास क्यों नहीं होता
क्या तुम भी चाहोगी मुझे सदा
यह डर दिल में
कम क्यों नहीं होता
सोचता हूँ,
क्या इस क्यों का जबाब
मिल पाएगा।

इक जबाब पाने की लालसा
कम क्यों नहीं होती
तुम हो पराई पर
पराई होने का अहसास
कम क्यों नहीं होता ?

□

चाह

चाह थी मुझे
जिंदगी के चार कदम
चल सकूँ साथ तुम्हारे
कभी तुम थामो मेरी बाँहें
कभी मैं तुम्हारी

पर वक्त की लहर
ढाही, ऐसी कहर
तुम तो बह चले
मैं रह गया किनारे

लेकिन लगता है
आती हैं आवाजें
पुकारने की दूर से
पास आने पर
उड़ जाती है फुर्र से

थम गई, जम गई
तुम और यादें तुम्हारी
और ठहर के जिंदगी है रह गई

चल रहे साथ–साथ
लेकिन नहीं है समय के साथ

गुजरते वक्त ने
कर दिया है तुम्हें
कितना मजबूर
पास खड़े होकर भी
तुम हो कितनी दूर
हाथ बढ़ाता हूँ छूने के लिए तुम्हें

पर पकड़ नहीं पाता हूँ तुम्हें
एक छाया का अहसास होता है
बात समझ में आती है
जिंदगी ऐसी ही होती है
जिसमें हर चाह पूरी नहीं होती है।

□

पता नहीं चलता

अजीब सा है वक्त हो चला
सुबह से शाम कब हो गई
इसका पता ही नहीं चला।
सुबह होती है,
पर जल्दी नहीं होती है
दफ्तर जाने की।

दफ्तर पहुँचकर
मन करता नहीं कुछ करने को।
गप्पे मारते हैं
इधर-उधर की झाड़ते हैं,
थककर चाय पीने को
जल्दी होती है जाने को
पर जल्दी नहीं होती है
वापस आने को।

घड़ी हैं देखते, चार बजे हैं
अभी तो दो घंटे बचे हैं,

दो घंटे भी कट जाते हैं सोचते
और घड़ी की सूई को देखते।

इस तरह एक दिन और कट गया
और मैं घर को सोचते इस बात को चला
कि कैसा है वक्त हो चला,
सुबह से शाम कब हो गई
इसका पता ही नहीं चला।
तुम मिले बिछड़ने के लिए
और जब तुम गए
दिल खाली हो गया
फिर कभी न भरने के लिए।
करते हैं आप जिसे प्यार
दे देते हैं उसे अधिकार
तोड़ने-मरोड़ने और
बनाने को दिल का अचार।

□

घुटन

इस शहर में
घुटन होती है
दूषित हवा में साँस लेकर।

घुटन होती है
नकली लोगों से मिलकर,
जो होते हैं कुछ और
दिखाते हैं कुछ और।

घुटन होती है
ऐसे लोगों से मिलकर,
जो कहते हैं कुछ और
करते हैं कुछ और।

घुटन होती है
बनावटी रिश्तों को निभाकर,
घुटन होती है
आसमाँ को देखकर,
जो प्रदूषण से काला हो गया है।
घुटन होती है

नदियों में उठते झाग से,
जिन्हें हमने दिया है मार।

घुटन होती है
झूठी हँसी हँसनेवालों से।

इस घुटन का क्या करूँ
समझ में नहीं आता,
और अपनी नासमझी पर होती है घुटन।

□

पानी सी जिंदगी

लोग कहते हैं
काश, जिंदगी एक किताब होती
तो पहले ही पढ़ लेते
और
पहले ही जान लेते
होनेवाली घटनाओं को।

लेकिन जरा सोचो,
अगर जिंदगी एक किताब होती
तो अचानक पाने की खुशी न होती
और
कुछ खोने का डर हमेशा होता,
क्योंकि पाने-खोने को
हम पहले ही जान पाते।

जब हम खुश व रोने की वजह को
पहले ही जान लेते
तो पाने की खुशी में

और

खोने के गम में

पागल ही हो जाते।

उन लम्हों को यादों में रखो

और यादों को

सँजोकर रख लो।

जब हमें किसी ने रुलाया था

तो

किसी ने हँसाया भी तो था।

खोने–पाने का हिसाब

कितना रखें,

क्यों न

खोने–पाने को भूल

जिंदगी जीते रहें, जैसी भी हो

मुसकराने की वजह ढूँढ़ते रहें, भविष्य में

अतीत को भूलकर।

क्योंकि कहते हैं

जो बीत गई, वह बात गई।

क्यों न जिंदगी

पानी की तरह बनाएँ,

जैसा वक्त हो
उसमें ही ढल जाएँ
और
अतीत से सीख लेकर
भविष्य में मुसकराने की वजह
ढूँढ़ लाएँ, ढूँढ़ लाएँ, ढूँढ़ लाएँ।

□

कसक

हम जीवन में
कुछ पाते हैं
कुछ नहीं पा पाते हैं,
नहीं पाने की कमी
जाती है झलक
रह जाती है
जीवन में एक कसक।

क्या-क्या सोचा—
ये करूँगा, वो करूँगा
होता है वही
जो होना होता है।

एक जिद सी होती है
पा लेने की
पर
पा नहीं पाते हैं
और
अपने ही खयालों में
उलझकर रह जाते हैं।

जो चाहते हैं
वो मिलती नहीं
जो मिलती है
वो चाह बनती नहीं।

इस अधूरी अभिलाषा
की होती है अपनी भाषा
जो लेते रहते हैं उबाल
करते हुए बहुत से सवाल।

क्या दिल से
नहीं चाहा था
या सिर्फ
चाहने का बहाना बनाया था!

यह अधूरी इच्छा
क्यों कभी
बन जाती है मृगतृष्णा
हमें भटकाने को

अधूरी इच्छा
जगाती है हमेशा
एक ललक
और उठती रहती है
उसे न पाने की कसक।

□

डर

कैद हो गया हूँ
अपने ही घर में
कैद हो गया हूँ।

डर लगता है
लोगों से मिलने से
बाहर जाने से
खुली हवा में
साँस लेने से।

डर की लहर है
क्योंकि
कोरोना का कहर है।
चीन का है एक शहर
जिसने दिया है यह जहर।

लोग कतराते हैं
मिलने-मिलाने में
गले मिलना तो दूर
कतराते हैं हाथ मिलाने से।

पास नहीं हैं आते
करते हैं दूर से ही बातें
मास्क की दीवार है
शक का जहर है
क्योंकि
कोरोना की लहर है।

पता नहीं कौन सी लहर है
पता नहीं यह कभी जाएगी
या दूसरी, तीसरी, चौथी
लहर बनकर आती जाएगी!

अब मिलते हैं लोग
दो गज की दूरी से
अब पढ़ नहीं हैं पाते
नकाब में चेहरे का भाव
कर नहीं पाते पहचान
असली-नकली लोगों की मुसकान।

बहाना मिल गया है
लोगों से दूर रहने का
बेबसी का आलम हो गया है
क्योंकि
अपने ही घर में कैद हो गया हूँ
और रोज डर-डर के जी रहा हूँ।

□

पंजे का निशान

उन पंजों का निशान
आज भी है जिंदा
तुम तो चले गए
बिना हुए शर्मिंदा।

तुम्हारे जाने के बाद
आज भी आता है याद—
तुम्हारा साथ
सुबह घूमना, खेलना
खाने को भौंकना

गोलू हमें छोड़ गया
पता नहीं, किस दुनिया में खो गया
गोल्डी जिसे प्यार से
कहते थे गोलू
हमारा लेब्राडोर
कभी जिंदा
था साथ हमारे।

उसे कुत्ता कहना
गवारा नहीं था
वह हमारा दोस्त था, साथी था।

हर लेती थी हर
उदासी, हर परेशानी
जब वह हमारे
साथ होता था।

जब मैं चुप होता
गोलू भी चुप हो जाता
मुझे चुपचाप देखता
और पूछता हो मानो
क्यों हो परेशान
मैं हूँ न
मेरे साथ खेलो न
खेलकर अपनी
उदासी भूल जाओ न।

अब परेशानी में
आती है तुम्हारी याद
दिल बहला लेता हूँ
तुम्हारी फोटो देखकर।

तुम तो चले गए
तेरह साल साथ रहकर
रह गईं यादें तुम्हारी
और रह गई है
तुम्हारी पहचान
हमारे दिल पर
पंजे का निशान।